BERNARDIN DE SAINT-PIERRE

SES OPINIONS RELIGIEUSES [1]

Par Charles DEJOB

Mesdames et Messieurs,

On dit qu'il est arrivé à plus d'un écrivain de s'écrier vers le milieu d'une vie de labeurs et de mécomptes : « Ah ! s'il m'était donné d'atteindre au moins une fois la perfection que je rêve ! Si une seule de mes pages était sûre de parvenir à la postérité ! J'abandonnerais volontiers tout le reste de mon œuvre, certain que mon nom, attaché à quelques lignes, ne périrait pas. »

Mais on dit aussi que quand le ciel, exauçant ces vœux timides, a soulevé pour un jour ces écrivains au-dessus d'eux-mêmes, ils ne veulent plus tenir l'engagement de résignation qu'ils offraient de prendre ; ils ne veulent pas reconnaître qu'ils se sont surpassés une fois par un succès qui éclipse le reste de leurs ouvrages et ratifie pour ainsi dire la sentence qui le voue à l'oubli ; ils protestent contre la malignité du public qui, à chacune de leurs tentatives nouvelles, les renvoie impitoyablement à leur unique triomphe. Ce fut le cas de Bernardin de Saint-Pierre, quand il eut composé Paul et Virginie. Du jour où son délicieux roman eut été lu dans toutes les classes de la société, traduit dans toutes les langues, porté sur tous les théâtres, il fut décidé d'un commun accord qu'il

(1) Les personnes qui désireraient étudier cette question dans un plus grand détail pourront se reporter à un article que j'ai publié dans *Revue Internationale de l'Enseignement*, du 15 mai 1891.

excellait à peindre la nature et à toucher les cœurs, mais qu'il aurait dû s'en aviser plus tôt et ne pas s'ériger en philosophe et en physicien. Toute sa vie se passa dès lors à en appeler de ce jugement; il ne réussit pas à le faire casser, et pourtant ses théories scientifiques méritaient mieux que le dédaigneux silence qu'on leur opposait. Certes, sa thèse fondamentale sur l'explication des marées par la fonte alternative des neiges de chaque pôle ne se soutient pas, et son ignorance en mathématiques est à juste titre demeurée célèbre; mais quand il arrive encore aujourd'hui à un naturaliste de feuilleter ses Etudes de la Nature, il convient que pour ce qui touche à la vie des plantes et aux relations des animaux avec le sol sur lequel ils vivent, les aperçus de Bernardin de Saint-Pierre ont souvent devancé les découvertes de notre génération.

Considéré comme philosophe, l'auteur des Etudes de la Nature a également déployé plus de finesse qu'on ne lui en attribue d'ordinaire. Sans doute il a compromis les causes finales et même la Providence par sa manie de les apercevoir partout ; mais il n'a pas simplement mis, comme on le croit, au service de sa cause du courage et de l'indiscrétion. Il avait démêlé, tout aussi finement que Pascal, le danger que faisait courir au spiritualisme une conception trop simple de la mécanique générale du globe. Il en voulait aux interprètes de Newton de ramener le système du monde au seul principe de l'attraction universelle parce qu'il discernait que pour un siècle sceptique et corrompu il s'en suivait que la science peut se passer de Dieu. Assurément l'extrême simplicité d'une puissante machine ne prouve rien contre le génie et à plus forte raison contre l'existence de l'inventeur; néanmoins, pour ceux qui souhaiteraient que la machine se fût faite toute seule, le fait qu'elle semble marcher toute seule est déjà un argument. Aussi Bernardin estima que s'il arrivait à prouver que l'appareil se composait de mille ressorts compliqués, il faudrait bien admettre la présence perpétuelle d'un artisan sublime qui en assurât le jeu régulier. Sa démonstration tourna malheureusement à la gageure et sa naïveté au parti-pris ; mais son système n'en était pas moins inspiré par une vue très juste des besoins du moment.

Ce n'est pas toutefois sur le fort et le faible de la réfutation qu'il oppose à l'athéisme de son temps que nous insisterons ici. Un autre point de la doctrine exposée dans ses Etudes de la Nature nous occupera davantage, parce qu'il est beaucoup moins connu et plus malaisé. par suite plus intéressant, à expliquer. Ce point, le voici d'un mot : ,il s'y déclare nettement catholique. De là naissent aussitôt trois questions qui me paraissent d'un vif intérêt :

1° Comment un disciple privilégié de Rousseau a-t-il pu, six ans après la mort de son maître, se déclarer catholique et non pas simplement déiste ?

2° Comment presque aussitôt après a-t-il rompu avec la foi chrétienne sans distinction de sectes ?

3° Les raisons qui l'ont amené à une religion positive et celles qui l'en ont éloigné ensuite ne pourraient-elles pas suggérer la meilleure méthode pour sortir du doute ?

I

Mais, d'abord, j'ai hâte d'établir le fait avant de l'expliquer : d'ordinaire, en effet, on l'a méconnu ; Sainte-Beuve lui-même, le juge presque infaillible, s'y est trompé ; il lui a paru étrange qu'à la lecture des Etudes de la Nature, le clergé ait offert une pension à Bernardin qui, disait-il, n'était que déiste. J'accorde qu'une fois prévenu par les ouvrages postérieurs de Bernardin, on peut, en y regardant de près, apercevoir des indices du peu de profondeur et partant du peu de solidité de sa foi ; mais il n'en reste pas moins qu'à cette époque il s'est dit et cru catholique. Il suffit de parcourir la septième de ces Etudes pour voir que l'auteur d'un bout à l'autre s'applique à distinguer le catholicisme de ce qu'il appelle *les fausses religions*. Il n'en fait pas seulement la consolation du vulgaire :

« Si cette religion ne fut faite, s'écria-t-il, que pour le bonheur des misérables, elle fut donc faite pour celui du genre humain » (1). Il ne lui reconnaît pas seulement le pouvoir de sécher les larmes, mais le droit de commander à la volonté. Les légendes, les mystères sont pour lui, non des pierres d'achoppement qui l'embarrassent ou qu'il dissimule, mais des signes de vérité : il approuve l'ordre de Jésus-Christ faisant passer des démons dans le corps de deux mille porcs qui vont ensuite se noyer. « C'est le mystère, dit-il, qui fait un des charmes de *notre religion*. Ceux qui y veulent une démonstration géométrique ne connaissent ni les lois de la nature, ni les besoins du cœur humain » (2). Il admet formellement le dogme du péché originel : « C'est à la religion à nous prendre où nous laisse la philosophie..... L'homme est un Dieu exilé..... Certainement, pour être tombé ainsi au-dessous des bêtes, il faut qu'il ait voulu se mettre au-dessus de la Divinité..... La science traîne à la suite de ses recherches ambitieuses cette malédiction ancienne prononcée contre le premier homme qui osa manger du fruit de son arbre » (3). Il admet la malédiction lancée contre la race de Cham, la confusion des langues décrétée pour punir l'entreprise de la tour de Babel. Que dirai-je de plus ? Il fait à la Bible le plus grand honneur qu'elle puisse recevoir d'un homme à système : il y cherche des arguments pour ses aventureuses théories de physicien.

Nous voilà loin du matérialisme de Diderot, des bouffonneries de Voltaire, et non moins loin de la sereine indifférence de Buffon, des épigrammes de Montesquieu, des réquisitoires de Rousseau. Car si Montesquieu vante très intelligemment les bienfaits du christianisme et s'il veut même par raison d'État conserver les privilèges ecclésiastiques, c'est à la condition expresse qu'on saura qu'il a trop d'esprit pour croire à la révélation ; tout ce qu'il accorde à l'intérêt public, c'est de présenter gravement dans l'Esprit des Lois les malices qu'il

<hr>

(1) Œuvres de Bernardin de Saint-Pierre, édit. de 1818. 3ᵉ volume, p. 380 et 381.

(2) *Ibid.* 8ᵉ note du Vᵉ volume.

(3) *Ibid.*, p. 407-8 du IIIᵉ vol. p. 49 du IVᵉ, p. 01, du IIIᵉ et fin du IVᵉ.

décochait irrévérencieusement dans les Lettres Persanes. Quant à Jean-Jacques, la page célèbre où il déclare que la mort de Socrate est celle d'un homme et la mort de Jésus celle d'un Dieu ne doit pas faire illusion. La Bible dont il était, au moins pour une certaine partie, un lecteur assidu, le touchait profondément, comme elle a touché toutes les personnes qui l'ont souvent méditée ; mais c'est seulement quand il la médite qu'elle opère sur lui ; une heure après qu'il a fermé le livre, le charme se dissipe, et le pieux adorateur de Jésus se change en un adversaire acharné du christianisme qui ne le cède ni en esprit, ni en perfidie à Voltaire, puisqu'il prétend dans le Contrat Social qu'un peuple de chrétiens parfaits ne connaîtrait ni la valeur militaire, ni le patriotisme.

Le premier motif qui explique que Bernardin, sans renier Jean-Jacques, soit revenu au christianisme se trouve dans les circonstances au milieu desquelles sa vie littéraire commença. Rousseau avait débuté au plus fort de la bataille engagée par les Encyclopédistes contre l'Eglise catholique ; il s'était hardiment jeté entre les deux troupes ennemies et avait victorieusement défendu contre l'une le droit de douter, contre l'autre le droit de croire. Surpris, irrités d'abord de cette intervention audacieuse, les deux partis avaient senti progressivement tomber leur colère ; on avait fini par en croire cet homme singulier qui donnait tort à tout le monde ; il avait gagné les uns à la méditation mélancolique, les autres à la tolérance ; et quand sa personne qui, après tout, rappelait trop ouvertement de longues querelles eut disparu, quand il ne resta de lui qu'un souvenir embelli, épuré, on se crut pour un instant d'accord dans une religiosité un peu vague, plus précise pourtant que la sienne. D'Alembert venait de mourir et Diderot mourait au moment où parurent les Etudes de la Nature (1784) ; on éprouvait alors en religion comme en politique un besoin temporaire et trompeur d'apaisement. C'était le temps où l'on pardonnait à Louis XVI de commettre des fautes et où l'on attribuait encore à la royauté les victoires remportées en son nom. Dans cette époque de confiance heureuse, Bernardin s'imagina qu'il professait une religion que les prédicateurs réduisaient presque à la philanthropie.

Il s'abusa d'autant plus facilement qu'il avait moins de finesse que Jean-Jacques ; Madame de Genlis, qui avait causé avec l'un et avec l'autre, nous apprend que la conversation de Rousseau était aussi brillante que celle de Bernardin l'était peu ; et les personnes qui ont pratiqué le sauvage ermite, même dans ses dernières années, déclarent qu'il ne s'abîmait pas aussi souvent qu'il l'affirme dans une taciturne rêverie. Il aimait à observer les hommes, à s'étudier lui-même ; il se trompait souvent dans ses remarques, parce qu'il avait trop d'imagination et beaucoup d'orgueil ; mais s'il se méprenait sur son caractère, il ne se méprenait pas sur ses croyances, ou du moins ses erreurs en ce genre se dissipaient promptement, et, sauf quelques pages écrites dans une sorte d'enthousiasme irresponsable, il ne s'attribuait que sa véritable doctrine. Bernardin, plus sincèrement misanthrope parce qu'il n'avait pour ainsi dire de tendresse que la plume à la main, ne trouvait de plaisir ni à rentrer en lui-même, ni à s'insinuer dans le cœur des autres. Dans ses œuvres il se plaint très fréquemment de sa destinée, et pourtant il est rare qu'il raconte avec quelque précision un trait de sa vie ou dépeigne une personne qu'il ait fréquentée ; on nous dit bien qu'il s'est quelquefois inspiré de ses souvenirs ; mais au total, dans ses nombreux volumes, combien peu d'anecdotes et de portraits ! Ce n'est pas que l'aptitude lui manquât véritablement ; car, lorsqu'il s'est décidé à écrire quelques pages sur Jean-Jacques, il a montré beaucoup de pénétration, plutôt, il est vrai, dans l'appréciation de son rôle que dans celle de son caractère ; mais il ne cultivait pas volontiers ce genre de talent. Ses entretiens roulaient parfois sur son passé ; mais la biographie romanesque qui en est sortie permet d'inférer que chez lui la mémoire était plus complaisante pour l'amour-propre que respectueuse de la réalité. De là, sur le fond de ses sentiments, une méprise où Rousseau ne serait pas tombé.

D'ailleurs, l'idée que Bernardin se faisait de la Providence et les doctrines scientifiques auxquelles cette idée l'avait conduit l'acheminaient vers les religions positives. Le Dieu de la religion naturelle dit à l'homme : « Je t'ai donné des forces physiques et intellectuelles pour te défendre contre les dangers de la terre et une conscience qui t'enseigne tes obligations envers moi, les récompenses que je ménage à ton obéissance, les châtiments que je réserve à ton insubordination. Va, je t'observe du haut du ciel ; vis à tes risques et périls ; au jour de ta mort, je prononcerai l'arrêt que tu m'auras dicté toi-même par ta conduite. » Bernardin de Saint-Pierre ne l'entendait pas ainsi. Ce Dieu, qui regarde de haut et de loin l'humanité et ne connaît les individus qu'au jour où il les juge, ce Dieu qui laisse l'homme aux prises avec la souffrance et la tentation, ne devait pas satisfaire pleinement un homme qui, dans tous les phénomènes de la nature, voyait des preuves de la sollicitude divine et, pour ainsi dire, des raffinements de tendresse. C'est le propre des religions positives, quelles qu'elles soient, d'établir une communication plus constante et plus affectueuse entre l'homme et son Créateur : si grossières, si impures qu'elles puissent être, elles partent de l'idée que le ciel s'intéresse aux souffrances des hommes, qu'il a pitié de leur faiblesse. Les prêtres payens ne savaient pas parler à la foule pour la consoler et la corriger, mais ils savaient du moins faire parler leurs Dieux ; les oracles formaient une démonstration illusoire, mais populaire, de la Providence. Sans doute l'Olympe ne gouvernait guère que suivant son bon plaisir, mais la foule lui savait gré d'avoir quelques favoris objets de toutes ses complaisances : quand Ulysse prend part aux jeux des Phéaciens, la déesse de la sagesse marque elle-même sur le sol l'endroit où est tombé son palet. Le judaïsme, qu'on accuse de n'avoir connu que la terrible grandeur de Jéhovah, célèbre pourtant quelquefois sa bonté d'une manière délicieuse ; car c'est dans l'Ancien Testament qu'il est dit que Dieu retournerait au besoin la couche de l'homme malade pour alléger ses maux. A plus forte raison la vie de Jésus-Christ devait-elle répondre aux sentiments de

Bernardin, et, quant aux dogmes du christianisme, il leur savait gré sans doute de proportionner à l'intelligence de la foule, précisément parce qu'elle le complique, le mystère suprême qui est l'existence de Dieu ; en effet, un Dieu en trois personnes est plus aisé pour la foule à concevoir qu'un Dieu en une seule, et la preuve est qu'il a fallu le morne spectacle du désert pour enfanter les seules religions qui soient monothéistes au sens rigoureux du mot. Puis, l'Eucharistie, tant raillée par Voltaire, devait toucher comme un gage inimaginable d'amour un homme qui passait sa vie à imaginer des preuves de la minutieuse et inquiète tendresse de la Providence.

II

Mais alors pourquoi Bernardin a-t-il promptement rompu avec le christianisme ? Dès Paul et Virginie en effet (1788), sa malveillance est visible ; elle devint une franche hostilité pendant la Révolution, et, quand elle s'apaisa, vers l'époque du Consulat, n'en demeura pas moins une irréconciliable antipathie.

Quelques considérations secondaires pourraient contribuer à expliquer cette rupture. Tenons-nous en à la principale, car c'est la plus instructive : Bernardin de Saint-Pierre n'était pas foncièrement chrétien et a fini par s'en apercevoir, parce qu'il n'était qu'à demi dans les dispositions nécessaires à un homme éclairé pour demeurer sous le joug d'une religion positive. Pascal, en effet, l'a fort bien démontré, les arguments particuliers que chaque Église fait valoir en sa faveur sont excellents pour confirmer la foi chez ceux qui ne l'ont pas encore perdue, mais ils n'ont aucune efficacité sur l'incrédule qui se défend contre l'argumentation ou qui même ne s'y prête pas ; autrement, nul homme honnête et intelligent ne demeurerait dans le scepticisme alors qu'il peut choisir entre tant de sectes qui toutes ont eu de grands hommes et des martyrs ; or les fanatiques sont seuls à nier qu'il existe des incrédules éclairés et honnêtes. Cette remarque ne préjuge rien au reste en faveur du scepticisme : il faut des dispositions spéciales pour accepter de cœur une religion positive, de même qu'il faut un organe particulier pour apercevoir la lumière du soleil. Ces dispositions sont au nombre de deux : la première se rencontrait plus vivement que chez personne en Bernardin de Saint-Pierre, personne n'était plus que lui éloigné de la seconde.

Pour qu'un penseur ou un homme qui se croit tel accepte les dogmes d'une Eglise quelconque, il faut d'abord que le Dieu de la religion naturelle ne lui suffise pas ; sa soumission est le prix des témoignages inattendus qu'on lui révèle de la bonté de Dieu. A cet égard, Bernardin trouvait de quoi se contenter dans le catholicisme. Mais, d'autre part, il faut que le penseur éprouve le besoin d'épurer radicalement son cœur et, par suite, le besoin des grâces surnaturelles, de l'aide victorieuse que, je ne dis plus toutes les religions positives, mais celles de tous les peuples civilisés des temps modernes, promettent à la vertu chancelante, au vice repentant. Un tel besoin, Bernardin de Saint-Pierre, en cela tout à fait semblable à Jean-Jacques, ne l'a jamais ressenti. Tous deux ont eu l'honneur de comprendre, le courage de proclamer une vérité que leur siècle méconnaissait et que le nôtre oublie trop souvent, savoir que la vertu est le tout de l'homme et que le talent, qui ne la suppose pas toujours, ne la supplée jamais ; mais cette vertu, dont ils faisaient à bon droit la pierre de touche de la civilisation, ils la concevaient d'une manière très incomplète ; ils savaient qu'elle se composait de qualités fortes et de qualités douces, qu'elle comprenait l'amour de la patrie, le mépris de la mort et des richesses aussi bien que l'amour des humbles ; mais ils se souvenaient trop rarement qu'elle se compose aussi du renoncement à soi-même, c'est-à-dire de la modestie, du pardon des offenses, de la pureté. Sur ce dernier point surtout, ils n'auraient pas volontiers souffert qu'on les éclairât ; ils auraient fièrement rappelé que la Nouvelle Héloïse avait été écrite pour combattre le libertinage élégant de Voltaire et le cynisme de Diderot ; il n'en est pas moins vrai qu'ils ne combattaient point la passion coupable et lui donnaient même un prestige dangereux en substituant au persiflage et à la brutalité la sensibilité déclamatoire. C'était, en somme, une vertu voluptueuse qu'ils prêchaient ; ils enseignaient à l'homme à jouir de lui-même, ils lui apprenaient qu'on peut être heureux à la campagne comme à la ville, dans les chaumières comme dans les palais, parce que le bonheur ne coûte pas cher ; mais le bonheur et la vertu ne leur paraissaient aisés que parce qu'ils réduisaient le nombre des devoirs. Le secours des religions positives leur paraissait donc peu nécessaire pour pratiquer des obligations ainsi réduites. Leur propre conduite, examinée à la lumière de ces principes, leur semblait assez innocente ; puisque l'homme n'était guère tenu qu'à ne pas faire souffrir ses semblables, que pouvaient-ils avoir de grave à se reprocher ? N'étaient-ils pas pauvres, de condition modeste, et ne pouvaient-ils pas s'écrier en pensant aux déshérités d'ici-bas :

« Le ciel dans tous leurs pleurs ne m'entend pas nommer » ? La misère de l'humanité leur inspirait une sympathie sincère, éloquente ; ses fautes leur suggéraient des conseils judicieux, des invectives hardies. Qu'auraient-ils pu demander de plus au Dieu des religions révélées ? Ils étaient d'autant plus contents de leur cœur que, comme pour eux, la vertu résidait moins dans les actes que dans les émotions et qu'ils s'émouvaient de la meilleure foi du monde à la seule pensée du beau et du bien, ils auraient volontiers dit aux héros et aux saints, avec l'Aventurière d'Augier :

« Je l'ai votre vertu, puisque je la comprends. »

D'ailleurs, bien différents des pharisiens, qui réservaient leur indulgence pour eux seuls, ils l'accordaient largement à la nature humaine ; censeurs amers de leur génération et en général des époques civilisées, ils professaient que le fond du cœur de l'homme est pur et qu'il n'a qu'à suivre ses inclinations spontanées pour marcher dans la bonne voie.

Ici nous arrivons à la raison décisive de la rupture de Bernardin de Saint-Pierre avec le christianisme. Il a fini par comprendre que la doctrine de Jean-Jacques acceptée par lui était diamétralement opposée à la raison d'être des religions positives qui toutes admettent, comme conséquence d'une chute primitive, l'incapacité pour l'homme d'arriver par ses propres forces au bonheur et à la vertu; et c'est par là qu'elles expliquent que de bons et de mauvais penchants se disputent notre âme. Au contraire, Bernardin avait sans doute, nous le rappelions tout à l'heure, admis formellement, au temps des Etudes de la Nature, le péché originel, mais (et c'est le seul point qui à cette époque eût autorisé à prévoir qu'il rejetterait un jour la révélation), quand on examine très attentivement la manière dont il comprend ce dogme, on aperçoit qu'il souscrit bien à l'expiation par le malheur, mais non à l'expiation par le péché. Dès lors, la rédemption n'est plus nécessaire ; l'homme se suffit à lui-même, et c'est pour un penseur acheter trop cher les bons offices des religions positives que de soumettre sa raison à des dogmes qui, s'ils éclaircissent l'énigme de Dieu pour le vulgaire, la compliquent pour le philosophe.

Voilà comment, attiré vers les religions révélées par la bonté qu'elles attribuent à Dieu, mais repoussé par la sévérité qu'elles lui attribuent en même temps, et ne voulant pas admettre que l'effet le plus précieux de la bonté divine soit de nous fournir les moyens d'échapper à sa propre sévérité, il s'est promptement révolté contre leur joug. Il n'a pas oublié les enseignements qu'il avait reçus d'elles, mais il les a faussés. Son Dieu a pris les traits d'un père non plus patient, mais débonnaire, qui s'obstine à pardonner à ses enfants, d'un juge qui trahit la loi de peur d'affliger les coupables, et sa croyance à l'immortalité est devenue implicitement pour lui la foi à une amnistie pleine et entière à laquelle tout mourant a droit en entrant dans l'éternité.

III

Voici maintenant la conclusion à tirer.

Supposons un homme que le doute tourmente, qui a vainement consulté les apologies des diverses croyances et n'a rien trouvé nulle part qui forçât son adhésion. Le voilà paraphrasant sans le savoir l'éloquente prière par laquelle Musset adjure Dieu, s'il existe, de se faire connaître à lui ; il supplie une Providence hypothétique de le débarrasser d'une indépendance qui lui pèse, d'imposer enfin à sa raison un joug après lequel elle soupire, et le miracle ne se fait pas. Que lui conseillerons-nous ? De retourner aux apologies qu'il connaît déjà ? Il ne peut les lire sans les réfuter tacitement. Lui recommanderons-nous les pratiques de telle ou telle religion ? Mais ces pratiques le rebutent, puisqu'il n'y croit pas et il en est qu'il estime ne pouvoir, lui incrédule, accomplir sans ridicule ou sans sacrilège. Dans des siècles où plus on avait d'esprit, plus on croyait, on pouvait jusqu'à un certain point les prescrire aux incrédules désireux de revenir à la religion, parce qu'il subsistait presque toujours alors dans le fond des cœurs un reste de foi qu'un effort suivi suffisait à ranimer ; dès qu'on se remettait à faire comme les autres, on se reprenait à penser comme les autres. Il faudrait aujourd'hui recourir à un autre remède, lent et douloureux à la vérité, mais infaillible pour ceux qui auront le courage de se l'appliquer.

Il faudrait inviter l'homme qui souhaite de rentrer dans l'obéissance à une religion révélée à borner provisoirement ses désirs, à se bien connaître lui-même : qu'il constate, en passant, s'il le veut, et pour n'y plus revenir, ses bonnes qualités ; qu'il constate qu'il n'enfreint ni les injonctions du code, ni même celles de la délicatesse mondaine, qu'il satisfait à ses obligations de citoyen et aux devoirs de sa profession ! Mais ceci fait, qu'il pousse plus loin et se demande quel principe inspire ses actions, si c'est l'intérêt d'autrui ou le sien propre qui le guide ! Peut-être les actes essentiels sur lesquels on le juge habituellement échappent-ils aux reproches ; mais, dans l'intervalle, la mauvaise humeur, l'envie, la colère ne le dominent-elles pas trop souvent, et ne serait-il pas du nombre de ces honnêtes gens dont parle La Bruyère, qui font souffrir

ceux que leur premier devoir est de rendre heureux. Cet exa-
men réclame une patience et une loyauté peu communes ;
mais ces qualités, qui sont en somme à la portée de tout le
monde, y suffisent ; car personne n'est tenu à deviner la morale
perfectionnée de l'avenir, mais simplement à se juger d'après
la morale que d'accord avec son siècle il proclame obligatoire.
Toutefois, il ne faut pas que notre sceptique malgré lui s'en
tienne à une constatation stérile de ses défauts. Pascal s'éton-
nait et s'indignait que Montaigne eût déployé à s'examiner
tant de clairvoyance et de franchise pour conclure simplement qu'il était ainsi fait, qu'après tout chaque caractère se
compose de vertus et de vices, qu'il faut se résigner à son
lot dans l'ordre moral comme dans l'ordre social, et que la
connaissance de soi-même, la sincérité envers les autres for-
ment pour le sage les plus flatteurs des plaisirs et les plus
essentiels des devoirs. Encore moins faut-il compter ses
défauts comme un avare son trésor, pour s'applaudir de toutes les mortifications qu'ils imposent à notre entourage, de
toutes les revanches qu'ils nous promettent contre les mauvais procédés d'autrui. La connaissance de soi-même n'est
véritablement méritoire que comme prélude de notre amende-
ment. Donc, invitons l'homme que nous voulons consoler à
entreprendre résolument la lutte contre ses défauts.

C'est là qu'il va rencontrer des obstacles presque invinci-
bles à ses seules forces ; car nos défauts, c'est nous-mêmes ;
l'extirpation d'un seul est une opération aussi douloureuse
que l'amputation d'un membre, que dis-je ? plus douloureuse,
car ici il n'est pas possible d'endormir le patient et c'est lui
qui doit retrancher une partie de son être. Nos défauts
tiennent à notre âme, non pas seulement par l'habitude, ni
par tel mauvais penchant, mais par des racines multiples et,
pour tout dire, par nos qualités mêmes ; trop souvent la
nature attache presque indissolublement la rudesse ou la hau-
teur à l'énergie, la faiblesse à la bonté, la nonchalance à la
modestie. Aussi voit-on assez souvent les hommes se corriger des défauts passagers qui tenaient aux circonstances,

mais très rarement des défauts essentiels de leur caractère ; nous nous rendons supportables aux autres, ou même nous obtenons leur estime, leur affection par leurs bonnes qualités, mais il leur faut s'accommoder de nos travers dont nous ne réussissons pas à nous débarrasser quoiqu'ils nous desservent de mille manières ; nous cultivons assez volontiers dans notre âme le bon grain, mais de guerre lasse nous laissons croître l'ivraie.

L'homme de cœur dont nous parlons ne se résignera pas ainsi. Il gémira de son impuissance à croire et chaque tentative avortée redoublera à la fois en lui son désespoir d'y arriver et son ardeur d'y parvenir. Un tel homme n'est pas en effet de ceux qui cherchent et surtout qui trouvent dans les plaisirs la consolation et l'oubli. C'est alors que les religions positives peuvent de nouveau s'offrir à lui. Laquelle choisira-t-il ? Je l'ignore : tout dépendra de sa première éducation, ou des conjonctures présentes, ou de la pente de son esprit. Mais ce qu'il y a de certain, c'est que le même homme qui les rejetait toutes quand elles ne lui offraient que les preuves et les révélations dont elles s'autorisent sera bien autrement traitable quand elles lui offriront le secours tout-puissant de Dieu contre les défauts qui lui font la loi. Il ne raisonnera plus sur les apologies ; car elles se résument pour lui dans une simple affirmation qu'il accepte parce qu'il a besoin d'y croire, parce qu'elle double ses forces et qu'il sent qu'elle va changer sa défaite en triomphe, et cette parole que toutes les églises dignes de ce nom prononcent pour le salut de celui qui s'en pénètre, c'est : « *Vade, ego ero tecum* ». Une armée qui pliait et à laquelle on annonce que l'ennemi est pris en flanc par des troupes nombreuses qu'elle ne voit pas, revient à la charge et reprend l'avantage ; telle est l'image d'un homme que le sentiment de sa faiblesse a enfin persuadé de la tendresse divine. Il faut à cet homme une religion qui lui certifie qu'elle a des secrets pour guérir les souffrances de son cœur ; il a trop envie de l'en croire pour n'en être pas aussitôt convaincu et les pratiques mêmes cesseront de le rebuter parce que dans son enthousiasme il n'y verra que le gage de la coopération de Dieu avec lui.

IV

L'histoire confirme les inductions de la psychologie. Les penseurs romains, dans l'antiquité, étaient profondément éloignés de toute religion positive : le polythéisme les en avait dégoûtés pour longtemps ; l'incrédulité de leurs contemporains, l'orgueil de leur race, son peu d'imagination, sa répugnance pour tout ce qui est théorie, achevaient de les tenir en garde contre les légendes et les dogmes. Aussi l'honnête Cicéron, dans les angoisses de sa vie publique ou privée, ne s'élevait jamais vers cette divinité qu'il proclamait solennellement dans ses traités de philosophie ; Sénèque, dont on a parfois voulu faire un disciple de saint Paul, n'était sûr ni que l'âme survive à la mort, ni que Dieu soit véritablement supérieur au sage, vu que le sage se mesure seul avec la Fortune à laquelle Dieu se contente d'échapper. Rien n'eût semblé plus étrange à Sénèque, ou à Cicéron, que la foi au surnaturel, et Tacite n'aurait certainement pas accepté les calomnies répandues contre les chrétiens si le peu qu'il savait d'authentique sur leur religion ne lui avait semblé ridicule. Mais tous ces penseurs aimaient la vertu et les deux derniers surtout sentaient profondément combien les faiblesses de leur siècle avaient marqué sur leur propre âme ; Tacite, par exemple, n'hésitait pas à se compter parmi les magistrats tremblants dont la docilité avait livré à Domitien ses plus illustres victimes. La haute société de leur temps, sceptique comme eux, était travaillée par le dégoût de ses fautes et par une aspiration inassouvie vers la sainteté. On vit alors l'étrange spectacle décrit par Juvénal, par les Pères de l'Eglise et, de nos jours, par M. G. Boissier dans son beau livre sur la Religion Romaine d'Auguste aux Antonins : des Romains des deux sexes, de tout âge, de toute condition se précipitant dans les sectes les plus bizarres que leur envoyait l'Orient naguère si méprisé, se soumettant aux initiations, aux expiations les plus étranges, accueillant toutes les légendes, tous les imposteurs, tous les illuminés, jusqu'au jour où le christianisme qui avait d'abord paru absurde aux sectateurs mêmes d'Osiris et de Mithra finit par attirer à lui tout l'empire. Quand une nation rougit de ses excès, elle peut concevoir deux sortes de peur : ou bien elle tremble pour son salut éternel, ou bien elle tremble pour son bien-être ; dans les deux cas, elle choisit un maître qui est, suivant l'espèce, un dictateur ou une religion ; seulement, comme la peur du vice est plus noble que celle de la ruine, elle regarde plus au choix d'une religion qu'à celui d'un despote, et se décide, non pour la religion la plus impérieuse, mais pour celle qui lui paraît davantage éprise des vertus que la génération présente désespère le plus de pratiquer sans l'aide de Dieu.

On attribue d'ordinaire le retour de faveur dont le christianisme a joui pendant le premier quart de notre siècle, à l'effroi causé par la Révolution, à l'imagination de Châteaubriand et à sa thèse sur les services rendus par la religion à la littérature et aux arts. L'explication est fort bonne, mais incomplète. On ne remarque pas assez que Châteaubriand, disciple très fidèle de Rousseau et de Bernardin de Saint-Pierre à d'autres égards, avait formellement désavoué leur théorie capitale de la bonté naturelle de l'homme et de l'indulgence illimitée de Dieu. Il accordait encore par moments que le sauvage pouvait valoir mieux que l'homme civilisé, mais il professait que le penchant au mal, comme le penchant au bien, forme le fond de notre cœur, que nous nous abandonnons plus volontiers au premier qu'au second et que Dieu ne pardonne pas toujours. C'est en partie pour avoir retrouvé cette vérité sans avoir eu la force d'en faire la règle de sa vie qu'il a été plus profondément mélancolique que ses maîtres et ses imitateurs, et c'est parce qu'il l'a proclamée avec un bon sens et une éloquence qui rappelle souvent Bossuet qu'il a rattaché pour un instant la France à une religion positive.

S'il n'avait écrit qu'un plaidoyer chevaleresque en faveur

d'une Église persécutée ou une dissertation souvent artifi-
cielle sur les rapports du christianisme et de la civilisation,
sa parole n'aurait pas eu la même efficacité ; mais il avait
obligé l'homme à se voir tel qu'il est dans sa misère morale ;
et ses lecteurs, comme un malade qu'un ami prévient de la
gravité de son état, s'étaient mis en quête d'un médecin. Le
christianisme perdit le terrain regagné grâce à lui, dès que
les romantiques revinrent à l'erreur décisive de Bernardin et
de Jean-Jacques. Pour les romantiques, en effet, comme pour
Rousseau et son premier sectateur, la vertu consiste, non pas
dans l'observation de la morale, mais dans l'exaltation de la
sensibilité. Des leçons de Châteaubriand, ils n'ont retenu que
ce qui peut les duper eux-mêmes, des mots : dans leur lan-
gage une maîtresse s'appelle un ange ; ils font de Dieu un
protecteur souriant de l'adultère ; c'est chez eux une manie
de l'invoquer là où il faudrait plutôt l'oublier ; rappelons seulement ces vers étonnants de Musset, le plus raisonnable
pourtant des romantiques, dans un moment où il abjure un
amour coupable parce qu'il a été trahi :

> « Séparons-nous : je romps le charme
> Qui nous unissait *devant Dieu*. »

Au surplus, les classiques d'alors professaient une religion
aussi accommodante, témoin le Dieu des Bonnes gens de
Béranger.

Bernardin de Saint-Pierre et son maître se faisaient donc
une fausse idée du perfectionnement de l'homme ; mais si l'on
veut avoir le droit de regretter que le XVIIIe siècle ait nié ou
mal entendu le devoir d'être homme de bien, il faut regretter
aussi que le XVIIe ait négligé de travailler à l'amélioration
de l'ordre social. Obéissance et charité, voilà les seules vertus publiques que se permettait le citoyen, je veux dire le
sujet, au temps de Louis XIV. Rêver un règlement général
pour le soulagement des pauvres, c'était déjà, d'après Pascal,
empiéter sur les attributs du souverain, et Bossuet glorifiait
le pouvoir absolu. Était-ce illusion, obséquiosité ? Non, certes,

la clairvoyance, l'indépendance d'esprit de Pascal sont au-
dessus de toute discussion, et, pour Bossuet, personne n'a
plus fortement marqué ce que pouvait produire dans un prince
la terrible pensée de n'avoir rien au-dessus de sa tête ; c'est
lui qui avertissait les courtisans que le roi du ciel compterait
un soupir, un verre d'eau donné en son nom plus que tous
les autres ne feraient jamais tout leur sang répandu pour eux.
Combien ne faut-il pas déplorer que des cœurs si purs, des
intelligences si droites n'aient pas entrepris de rédiger par
avance le Contrat Social ! Ils connaissaient infiniment mieux
l'histoire et l'homme, que ne les connurent leurs successeurs,
et partant ils auraient plus heureusement concilié l'ordre et
la liberté. Mais ils ne l'essayèrent même pas. La sagesse
humaine, toujours courte par quelque endroit, suivant une
autre expression de Bossuet, embrasse malaisément ces deux
devoirs de l'homme : élever l'individu au plus haut degré possible de sainteté, introduire dans l'Etat la plus grande somme
possible de justice et de bonheur. Ces deux devoirs n'en sont
pas moins impérieux, et négliger l'un, c'est manquer à l'autre.
L'arbitraire, l'anarchie corrompent ceux qui en profitent et
ceux qui en souffrent ; et, d'autre part, si les particuliers sont
corrompus, l'Etat ne peut connaitre ni la liberté, ni l'ordre.
Le devoir de chaque peuple est donc de concilier deux tâches
entre lesquelles les générations ont le tort de faire leur choix,
suivant qu'elles sont plus occupées des intérêts de la terre ou
des intérêts du ciel. Mais la prudence conseille de suivre
d'abord soi-même les conseils que l'on donne aux autres :
c'est le seul moyen d'être sûr qu'on aura du moins fait un
adepte. Que chacun de nous s'efforce donc d'être à la fois bon
citoyen et honnête homme ! C'est là une ambition hardie sans
doute, mais légitime, ou, pour mieux dire, obligatoire, et qui, à
la différence de toutes les autres, ne nous met dans la dépen-
dance de personne ; car, pour la satisfaire, nous n'avons
besoin que de nous-mêmes et de Dieu.

CHARLES DEJOB.

Clermont (Oise). — Imp. Daix frères.